AF206806

Impressum
Verlag: BABADADA GmbH, Nedderfeld 112 , 22529 Hamburg
Geschäftsführer / Verlagsleitung: Harald Hof
Druck: Books on Demand GmbH, In de Tarpen 42, 22848 Norderstedt

Imprint
Publisher: BABADADA GmbH, Nedderfeld 112 , 22529 Hamburg, Germany
Managing Director / Publishing direction: Harald Hof
Print: Books on Demand GmbH, In de Tarpen 42, 22848 Norderstedt

בית ספר
l'école

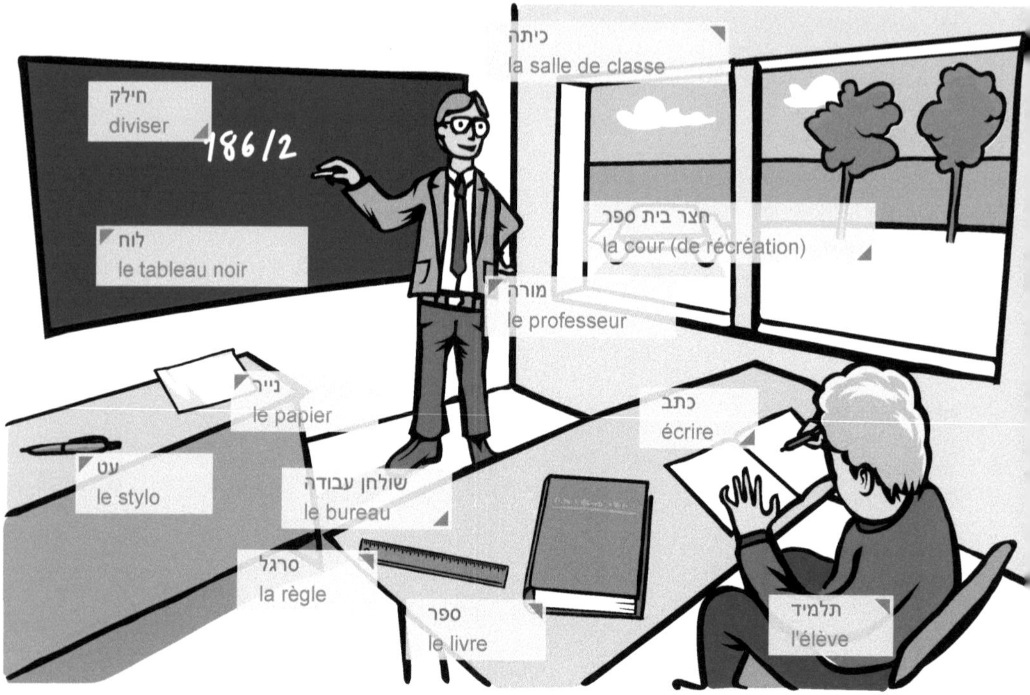

כיתה
la salle de classe
חילק
diviser
186/2
לוח
le tableau noir
חצר בית ספר
la cour (de récréation)
מורה
le professeur
נייר
le papier
כתב
écrire
עט
le stylo
שולחן עבודה
le bureau
סרגל
la règle
ספר
le livre
תלמיד
l'élève

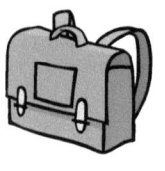

ילקוט
....
le cartable

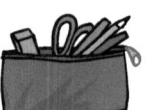

קלמר
....
la trousse

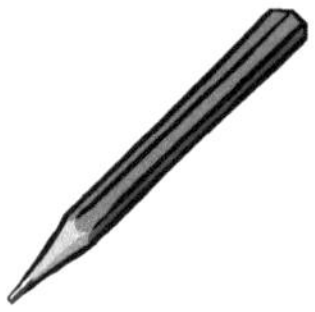

עיפרון
....
le crayon

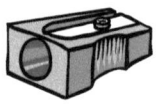

מחדד
....
le taille-crayon

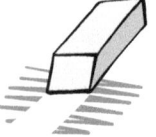

גומי מחיקה
....
la gomme

חוברת סרטוט
....
le carnet à dessin

סרטוט

le dessin

מברשת

le pinceau

קופסת צבעים

la boîte de peinture

מספריים

les ciseaux

דבק

la colle

ספר תרגול

le cahier d'exercices

שיעור בית

les devoirs

מספר

le chiffre

חיבר

additionner

חיסר

soustraire

הכפיל

multiplier

חישב

calculer

אות

la lettre

אלפבית

l'alphabet

מילה

le mot

טקסט

le texte

קרא

lire

גיר

la craie

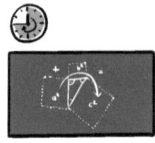

שיעור

la leçon

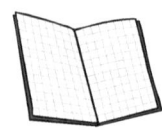

יומן נוכחות

le livre de classe

מבחן

l'examen

תעודה

le certificat

תלבושת בית ספר

l'uniforme scolaire

חינוך

la formation

אנציקלופדיה

le lexique

אוניברסיטה

l'université

מיקרוסקופ

le microscope

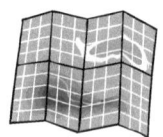

מפה

la carte

סל נייר

la corbeille à papier

נסיעה
le voyage

מלון
l'hôtel
הוסטל
l'auberge
המרת מטבע
le bureau de change
ECHANGE
מזוודה
la valise
אוטו
la voiture

שפה

la langue

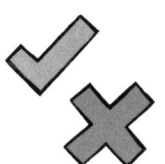

כן / לא

oui / non

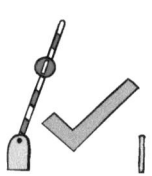

בסדר

d'accord

שלום

Salut

מתרגם

l'interprète

תודה

merci

כמה עולה.....?

Combien coûte...?

אני לא מבין

Je ne comprends pas

בעיה

le problème

ערב טוב!

Bonsoir !

בוקר טוב!

Bonjour !

לילה טוב!

Bonne nuit !

להתראות

Au revoir

כיוון

la direction

כבודה

les bagages

תיק

le sac

תרמיל גב

le sac-à-dos

אורח

l'hôte

חדר

la pièce

שק שינה

le sac de couchage

אוהל

la tente

מרכז מידע לתיירים

l'office de tourisme

חוף ים

la plage

כרטיס אשראי

la carte de crédit

ארוחת בוקר

le petit-déjeuner

ארוחת צהריים

le déjeuner

ארוחת ערב

le dîner

כרטיס

le billet

מעלית

l'ascenseur

בול

le timbre

גבול

la frontière

מכס

la douane

שגרירות

l'ambassade

אשרה

le visa

דרכון

le passeport

תחבורה
le transport

מטוס
l'avion
אונייה
le navire
כבאית
le véhicule de pompiers
אוטובוס
le bus
משאית
le camion
סירת מנו
bateau à moteur
אופניים
la bicyclette
אוטו
la voiture

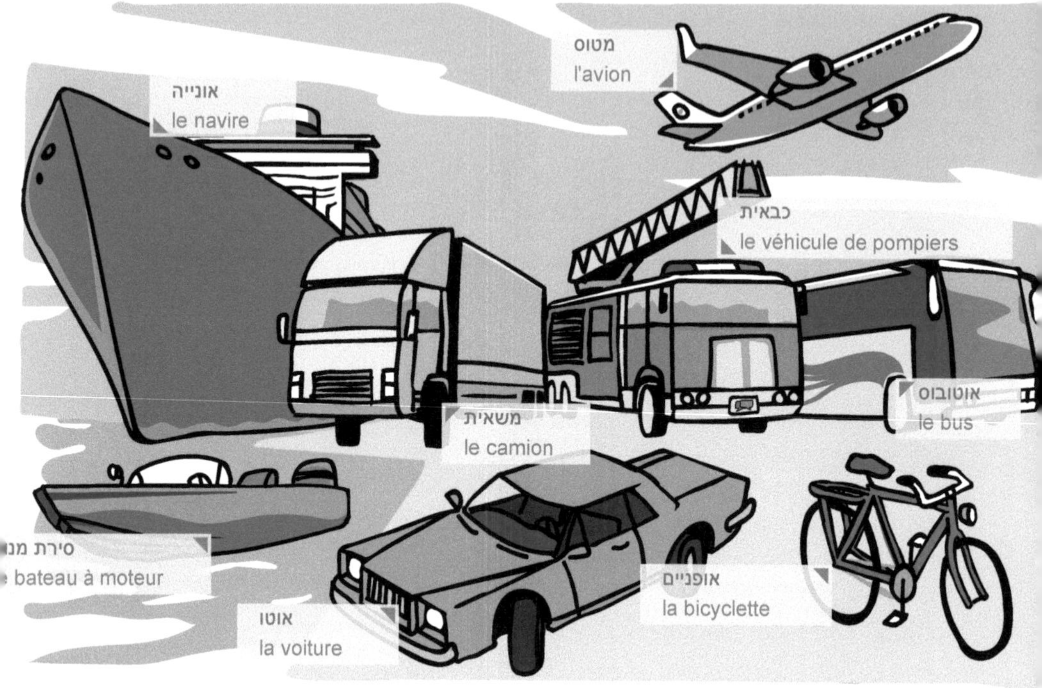

מעבורת

le ferry

סירה

la barque

אופנוע

la moto

ניידת משטרה

la voiture de police

מכונית מרוץ

la voiture de course

רכב שכור

la voiture de location

מכוניות בשיתוף

l'auto-partage

אוטו גרר

la voiture de remorquage

משאית זבל

la benne à ordures

מנוע

le moteur

דלק

l'essence

תחנת דלק

la station d'essence

תמרור

le panneau indicateur

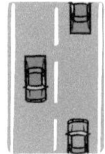

תנועה

le trafic

פקק תנועה

l'embouteillage

חניה

le parking

תחנת רכבת

la gare

פסי רכבת

les rails

רכבת

le train

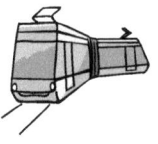

רכבת קלה

le tramway

קרון

le wagon

מסוק

l'hélicoptère

שדה-תעופה

l'aéroport

מגדל

la tour

נוסע

le passager

קונטיינר

le conteneur

קרטון

le carton

עגלה

le chariot

סל

la corbeille

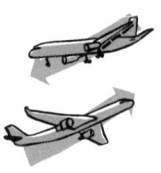

המראה / נחיתה

décoller / atterrir

עיר

la ville

כפר

le village

מרכז העיר

le centre-ville

בית

la maison

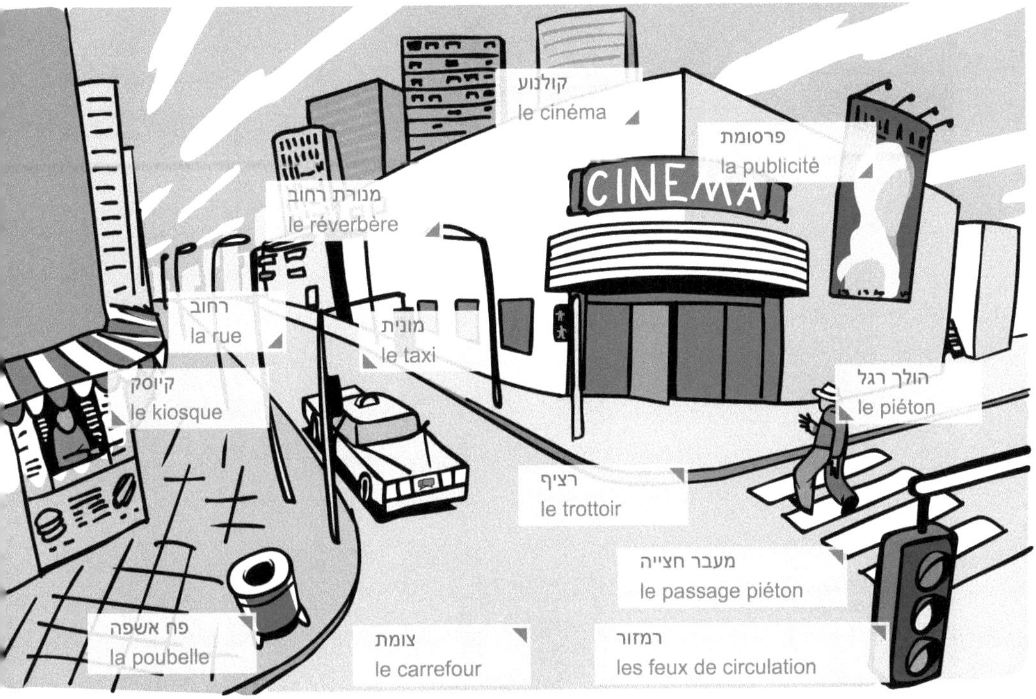

קולנוע
le cinéma
CINEMA
פרסומת
la publicité
מנורת רחוב
le réverbère
רחוב
la rue
מונית
le taxi
קיוסק
le kiosque
הולך רגל
le piéton
רציף
le trottoir
מעבר חצייה
le passage piéton
פח אשפה
la poubelle
צומת
le carrefour
רמזור
les feux de circulation

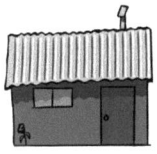

בקתה

la cabane

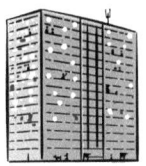

דירה

l'appartement

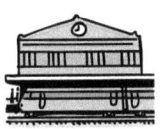

תחנת רכבת

la gare

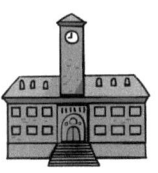

עירייה

la mairie

MUSEUM

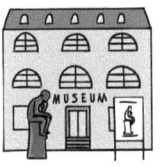

מוזיאון

le musée

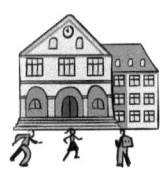

בית ספר

l'école

אוניברסיטה

l'université

בנק

la banque

בית חולים

l'hôpital

מלון

l'hôtel

בית מרקחת

la pharmacie

משרד

le bureau

חנות ספרים

la librairie

חנות

le magasin

חנות פרחים

le fleuriste

סופרמרקט

le supermarché

שוק

le marché

כל-בו

le grand magasin

מוכר דגים

la poissonnerie

קניון

le centre commercial

נמל

le port

פארק

le parc

ספסל

la banque

גשר

le pont

מדרגות

les escaliers

רכבת תחתית

le métro

מנהרה

le tunnel

תחנת אוטובוס

l'arrêt de bus

בר

le bar

מסעדה

le restaurant

תא דואר

la boîte à lettres

שלט רחוב

le panneau indicateur

מדחן

le parcmètre

גן חיות

le zoo

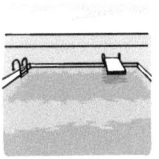

בריכת שחיה

le réverbère

מסגד

la mosquée

חווה

la ferme

זיהום

la pollution

בית עלמין

la cimetière

כנסייה

l'église

מגרש משחקים

l'aire de jeux

בית מקדש

le temple

נוף

le paysage

עלה
la feuille

תמרור
le panneau indicateur

דרך
le chemin

מרעה
le pré

אבן
la pierre

עץ
l'arbre

מטייל
le randonneur

נהר
la rivière

דשא
l'herbe

פרח
la fleur

בקעה

la vallée

הר

la montagne

אגם

le lac

יער

la forêt

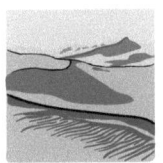

מדבר

le désert

הר געש

le volcan

טירה

le château

קשת בענן

l'arc-en-ciel

פטריה

le champignon

דקל

le palmier

יתוש

le moustique

זבוב

la mouche

נמלה

les fourmis

דבורה

l'abeille

עכביש

l'araignée

חיפושית

le coléoptère

צפרדע

la grenouille

סנאי

l'écureuil

קיפוד

le hérisson

ארנב

le lièvre

ינשוף

la chouette

ציפור

l'oiseau

ברבור

le cygne

חזיר בר

le sanglier

צבי

le cerf

אייל הקורא

l'élan

סכר

le barrage

טורבינת רוח

l'éolienne

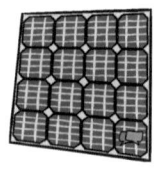

פנל סולארי

le panneau solaire

אקלים

le climat

מסעדה
le restaurant

le serveur
תפריט
le menu
כסא
la chaise
מרק
la soupe
פיצה
la pizza
סכו"ם
les couverts
מפת שולחן
la nappe

מנת פתיחה
....
les hors d'œuvre

מנה עיקרית
....
le plat principal

קינוח
....
le dessert

שתיות
....
les boissons

אוכל
....
l'alimentation

בקבוק
....
la bouteille

מזון מהיר

le fast-food

אוכל רחוב

les plats à emporter

קנקן תה

la théière

מסכרת

le sucrier

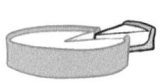

מנה

la portion

מכונת אספרסו

la machine à expresso

כסא תינוק

la chaise haute

חשבון

la facture

מגש

le plateau

סכין

le couteau

מזלג

la fourchette

כף

la cuillère

כפית

la cuillère à thé

מפית

la serviette

כוס

le verre

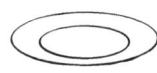

צלחת

l'assiette

קערת מרק

l'assiette à soupe

תחתית

la soucoupe

רוטב

la sauce

מלחייה

la salière

מטחנת פלפל

le moulin à poivre

חומץ

le vinaigre

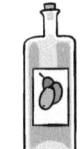

שמן

l'huile

תבלינים

les épices

קטשופ

le ketchup

חרדל

la moutarde

מיונז

la mayonnaise

סופרמרקט
le supermarché

מבצע
l'offre promotionnelle
לקוח
le client
מוצרי חלב
les produits laitiers
פירות
les fruits
עגלת קניות
le chariot

אטליז
la boucherie

מאפייה
la boulangerie

שקל
peser

ירקות
les légumes

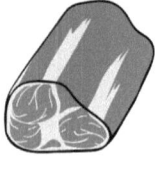

בשר
la viande

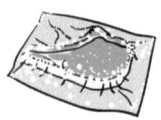

מזון קפוא
les aliments surgelés

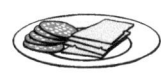

בשר קר

....

la charcuterie

שימורים

....

les conserves

אבקת כביסה

....

la poudre à lessive

ממתקים

....

les bonbons

מוצרי בית

....

les articles ménagers

חומר ניקוי

....

les détergents

מוכרת

....

la vendeuse

קופה

....

la caisse

קופאי

....

le caissier

רשימת קניות

....

la liste d'achats

שעות פתיחה

....

les heures d'ouverture

ארנק

....

le portefeuille

כרטיס אשראי

....

la carte de crédit

תיק

....

le sac

שקית נילון

....

le sac en plastique

שתיות
les boissons

מים

l'eau

מיץ

le jus de fruit

חלב

le lait

קולה

le coca

יין

le vin

בירה

la bière

אלכוהול

l'alcool

קקאו

le chocolat chaud

תה

le thé

קפה

le café

אספרסו

l'expresso

קפוצ'ינו

le cappuccino

אוכל
l'alimentation

בננה

la banane

תפוח

la pomme

תפוז

l'orange

אבטיח

le melon

לימון

le citron.

גזר

la carotte

שום

l'ail

במבוק

le bambou

בצל

l'oignon

פטריות

le champignon

אגוזים

les noisettes

אטריות

les pâtes

ספגטי

les spaghetti

אורז

le riz

סלט

la salade

צ'יפס

les pommes frites

צ'יפס

les pommes de terre rôties

פיצה

la pizza

המבורגר

le hamburger

כריך

le sandwich

שניצל

l'escalope

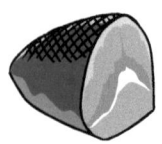

שינקין

le jambon

סלאמי

le salami

נקניקיה

la saucisse

עוף

le poulet

טיגון

le rôti

דג

le poisson

שיבולת שועל

les flocons d'avoine

מוזלי

le muesli

קורנפלקס

les cornflakes

קמח

la farine

קרואסון

le croissant

לחמנייה

les petits-pains

לחם

le pain

טוסט

le pain grillé

עוגיות

les biscuits

חמאה

le beurre

גבינה לבנה

le fromage blanc

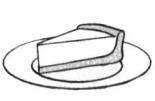

עוגה

le gâteau

ביצה

l'œuf

ביצת עין

l'œuf au plat

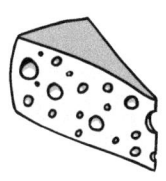

גבינה

le fromage

גלידה

la glace

סוכר

le sucre

דבש

le miel

ריבה

la confiture

ממרח נוגט

la crème nougat

קארי

le curry

la ferme

בית חווה
אסם
la grange
חבילת שחת
la botte de paille
שדה
le champ
סוס
le cheval
עגלת נגרר
la remorque
טרקטור
le tracteur
סייח
le poulain
חמור
l'âne
כבש
le mouton
טלה
l'agneau

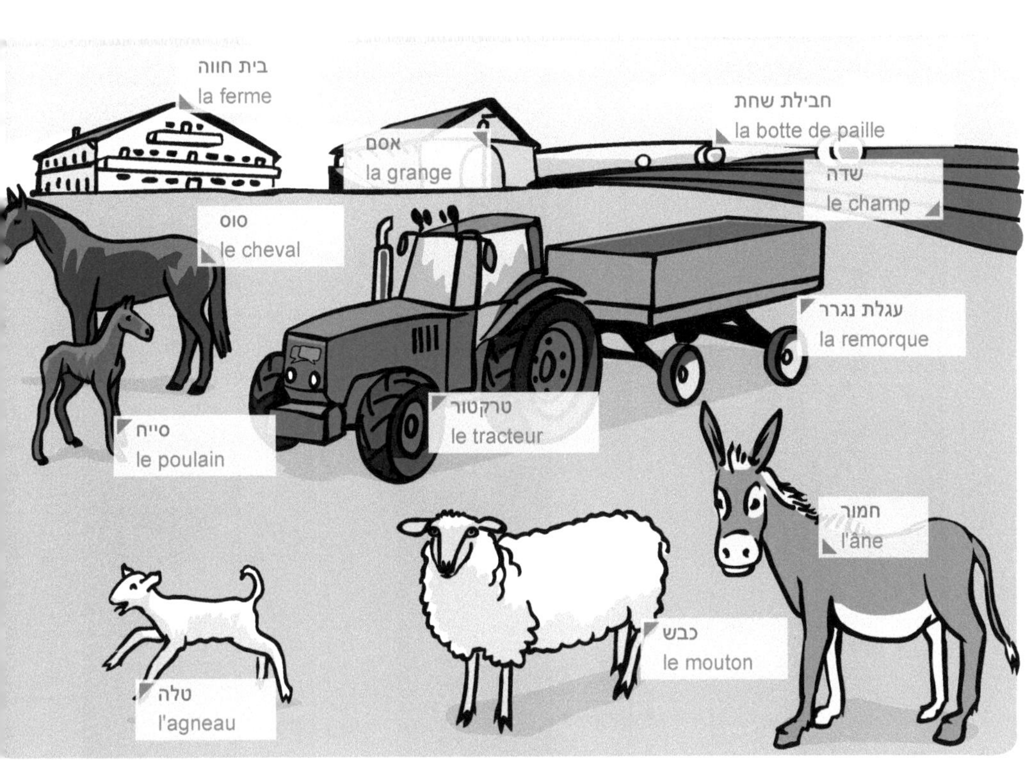

עז

la chèvre

פרה

la vache

עגל

le veau

חזיר

le porc

חזרזיר

le porcelet

שור

le taureau

אווז

l'oie

ברווז

le canard

אפרוח

le poussin

תרנגולת

la poule

תרנגול

le coq

חולדה

le rat

חתול

le chat

עכבר

la souris

שור

le bœuf

כלב

le chien

מלונה

le chenil

צינור השקיה

le tuyau de jardin

קנקן מים

l'arrosoir

חרמש

la faucheuse

מחרשה

la charrue

מגל

la faucille

מגרפה

la pioche

קלשון

la fourche

גרזן

la hache

מריצה

la brouette

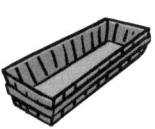

שוקת

la cuve

כד חלב

le pot à lait

שק

le sac

גדר

la clôture

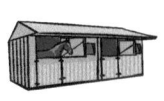

אורווה

l'étable

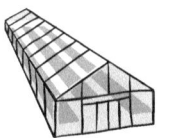

חממה

le serre

אדמה

le sol

זרע

les semences

דשן

l'engrais

מקצרה

la moissonneuse-batteuse

קצר

récolter

קציר

la récolte

בטטה אפריקנית

l'igname

חיטה

le blé

סויה

le soja

תפוח אדמה

la pomme de terre

תירס

le maïs

קנולה

le colza

עץ פירות

l'arbre fruitier

קסבה

le manioc

דגנים

les céréales

בית
la maison

la cheminée
גג
le toit
מרזב
la gouttière
חלון
la fenêtre
מוסך
le garage
פעמון
la sonnette
דלת
la porte
פח אשפה
la poubelle
תיבת מכתבים
la boîte aux lettres
גינה
le jardin

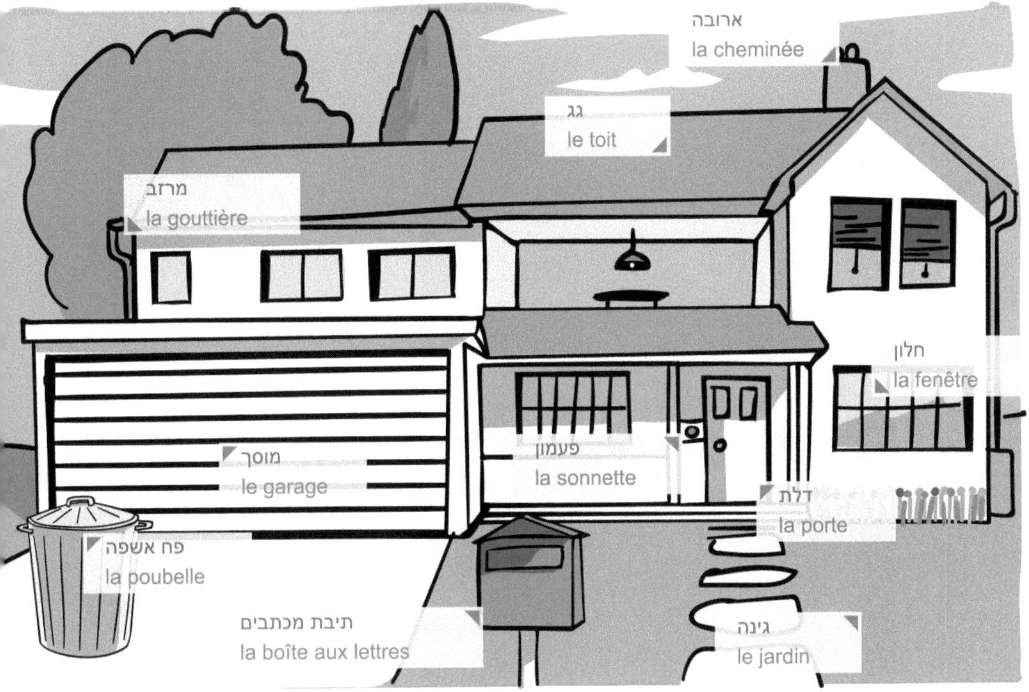

סלון

le salon

חדר אמבטיה

la salle de bain

מטבח

la cuisine

חדר שינה

la chambre à coucher

חדר ילדים

la chambre d'enfant

חדר אוכל

la salle à manger

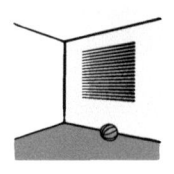

רצפה

le sol

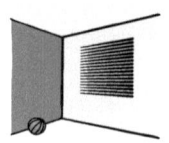

קיר

le mur

תקרה

le plafond

מרתף

la cave

סאונה

le sauna

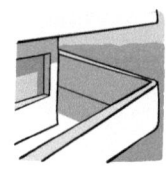

מרפסת

le balcon

מרפסת

la terrasse

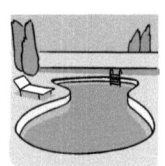

בריכה

la piscine

מכסחת דשא

la tondeuse à gazon

סדין

la housse

כיסוי מיטה

la couette

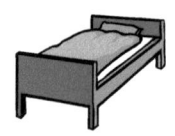

מיטה

le lit

מטאטא

le balai

דלי

le sceau

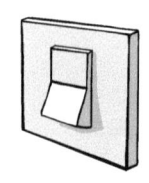

מפסק

l'interrupteur

סלון
le salon

le papier peint
תמונה
l'image
מנורה
la lampe
מדף
l'étagère
ארון
l'armoire
טלוויזיה
la télé
אח
la cheminée
פרח
la fleur
כרית
le coussin
ספה
le sofa
אגרטל
le vase
שלט רחוק
la télécommande

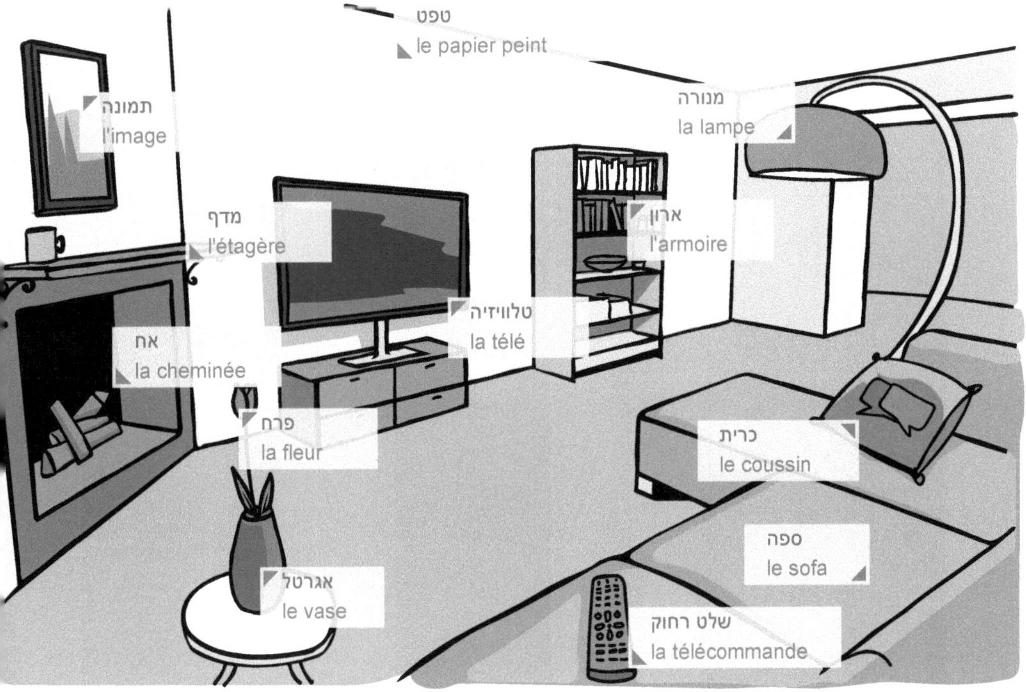

שטיח

le tapis

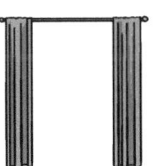

וילון

le rideau

שולחן

la table

כסא

la chaise

כיסא נדנדה

la chaise à bascule

כורסה

le fauteuil

ספר

le livre

שמיכה

la couverture

דקורציה

la décoration

עצי הסקה

le bois de chauffage

סרט

le film

מערכת סטריאו

la chaîne hi-fi

מפתח

la clé

עיתון

le journal

ציור

la peinture

פוסטר

le poster

רדיו

la radio

מחברת

le bloc-notes

שואב אבק

l'aspirateur

קקטוס

le cactus

נר

la bougie

מטבח
la cuisine

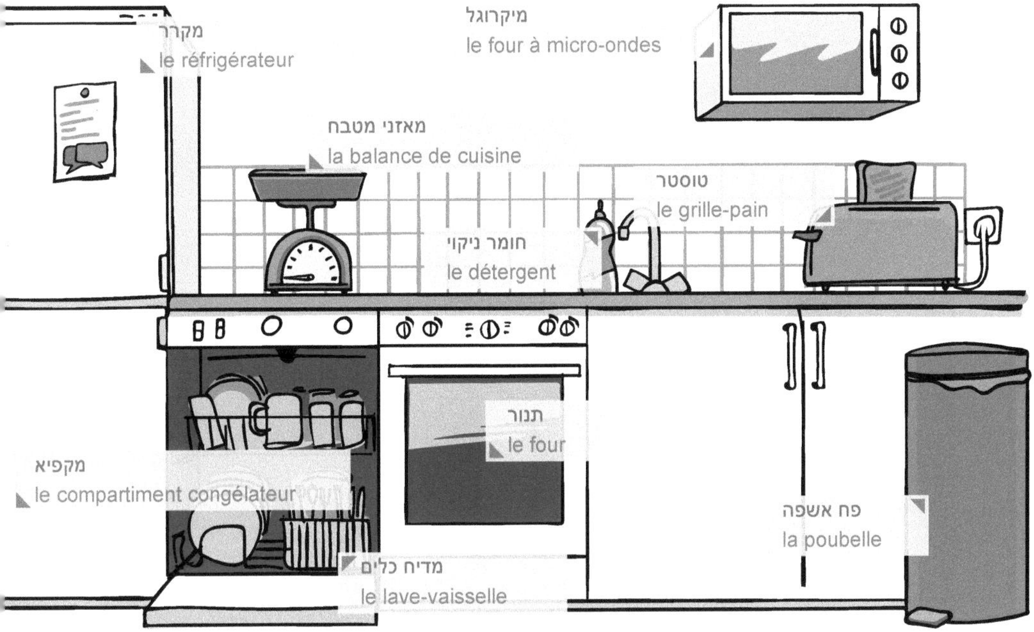

מקרר
le réfrigérateur
מיקרוגל
le four à micro-ondes
מאזני מטבח
la balance de cuisine
טוסטר
le grille-pain
חומר ניקוי
le détergent
תנור
le four
מקפיא
le compartiment congélateur
פח אשפה
la poubelle
מדיח כלים
le lave-vaisselle

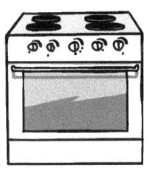

תנור
....
le four

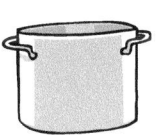

סיר
....
la casserole

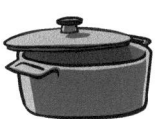

סיר ברזל
....
la marmite

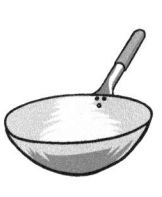

ווק
....
le wok / kadai

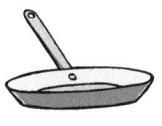

מחבת
....
la poêle

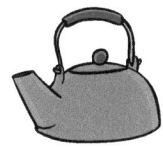

קומקום חשמלי
....
la bouilloire electrique

מאדה

le cuiseur vapeur

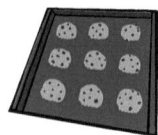

מגש אפייה

la plaque de cuisson

כלי אוכל

la vaisselle

ספל

le gobelet

קערה

la coupe

צ'ופסטיקס

les baguettes

מצקת

la louche

מרית

la spatule

מטרפה

le fouet

מסננת בישול

la passoire

מסננת

le tamis

מגרדת

la râpe

מכתש

le mortier

גריל

le barbecue

מדורה

la cheminée

קרש חיתוך

la planche à découper

מערוך

le rouleau à pâtisserie

פותחן פקקים

le tire-bouchon

פחית

la boîte

פותחן קופסאות

l'ouvre-boîte

מטלית

les maniques

כיור

le lavabo

מברשת

la brosse

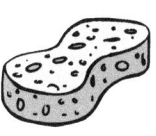

ספוג

l'éponge

בלנדר

le mixeur

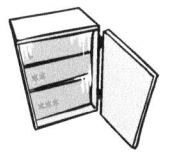

מקפיא

le congélateur

בקבוק לתינוק

le biberon

ברז

le robinet

חדר אמבטיה

la salle de bain

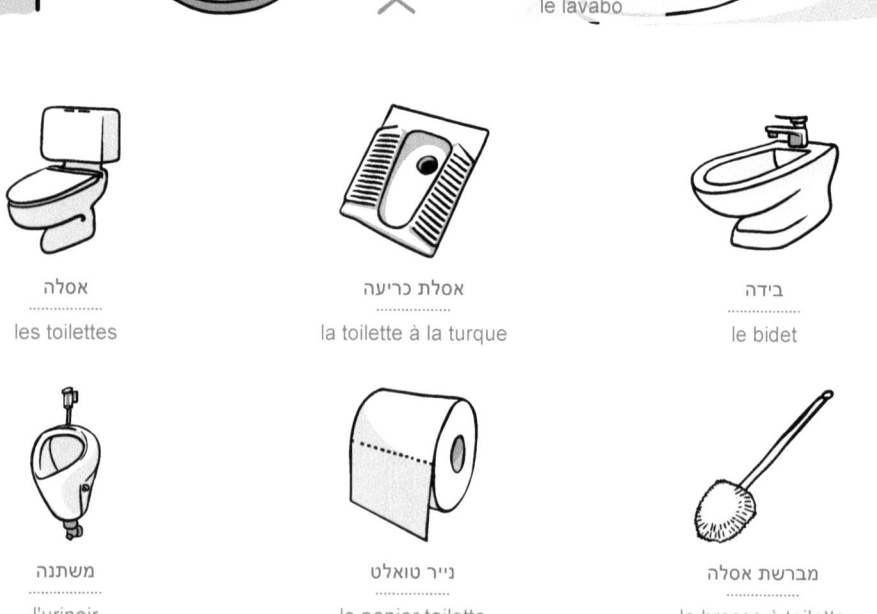

חימום
le chauffage
מגבת
la serviette
מקלחת
la douche
וילון מקלחת
le rideau de douche
אמבטיית קצף
le bain moussant
אמבטיה
la baignoire
כוס
le verre
מכונת כביסה
la machine à laver
ברז
le robinet
אריחים
le carrelage
סיר לילה
le pot
כיור
le lavabo

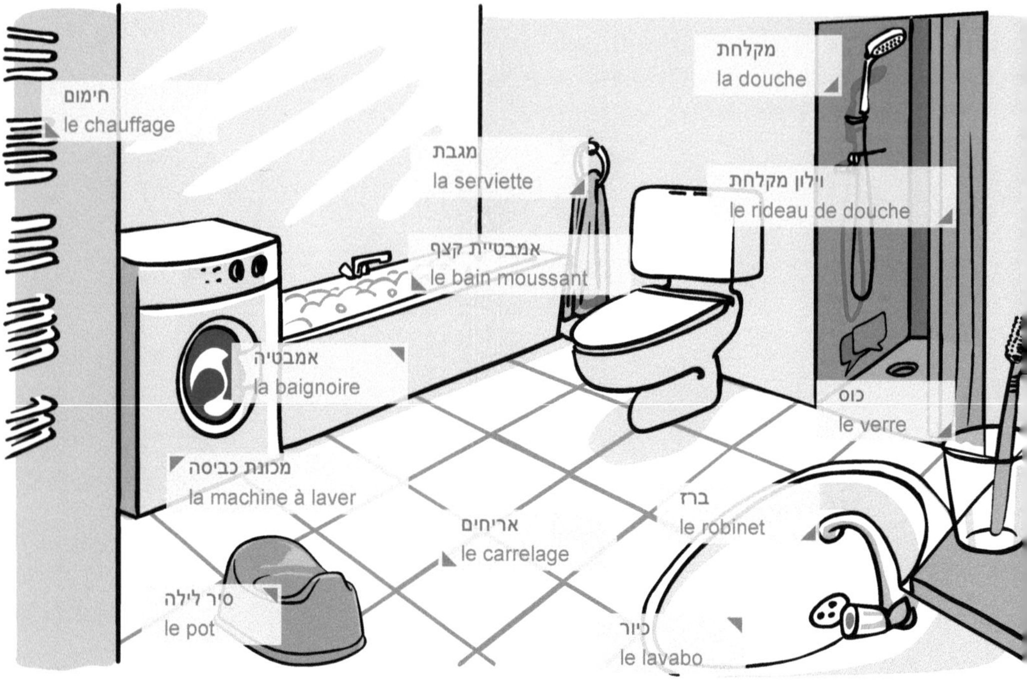

אסלה

les toilettes

אסלת כריעה

la toilette à la turque

בידה

le bidet

משתנה

l'urinoir

נייר טואלט

le papier toilette

מברשת אסלה

la brosse à toilette

מברשת שיניים

la brosse à dents

משחת שיניים

le dentifrice

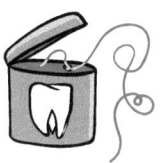

חוט דנטלי

le fil dentaire

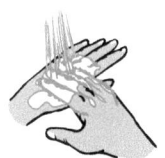

שטף

laver

מקלחת יד

la douche manuelle

צינור שטיפה לשירותים

la douche intime

קערת רחצה

la vasque

מברשת גב

la brosse dorsale

סבון

le savon

ג'ל רחצה

le gel douche

שמפו

le shampooing

ליפה

le gant de toilette

ניקוז

l'écoulement

קרם

la crème

דיאודורנט

le déodorant

מראה

le miroir

מראת יד

le miroir cosmétique

סכין גילוח

le rasoir

קצף גילוח

la mousse à raser

אפטרשייב

l'après-rasage

מסרק

la peigne

מברשת

la brosse

מייבש שיעור

le sèche-cheveux

ספריי לשיער

la laque pour cheveux

איפור

le fond de teint

שפתון

le rouge à lèvres

לק

le vernis à ongles

צמר גפן

l'ouate

מספריים לציפורניים

le coupe-ongles

בושם

le parfum

תיק כלי רחצה

la trousse de toilette

שרפרף

le tabouret

משקל

le pèse-personne

חלוק רחצה

le peignoir

כפפות גומי

les gants de nettoyage

טמפון

le tampon

תחבושת סניטרית

les serviettes hygiéniques

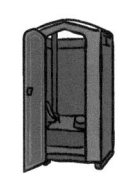

שירותים כימיקליים

la toilette chimique

חדר ילדים

la chambre d'enfant

שעון מעורר
le réveil
צעצוע חיבוק
le doudou
מכונית צעצוע
la voiture jouet
רעשן
le hochet
בית בובות
la maison de poupée
מתנה
le cadeau

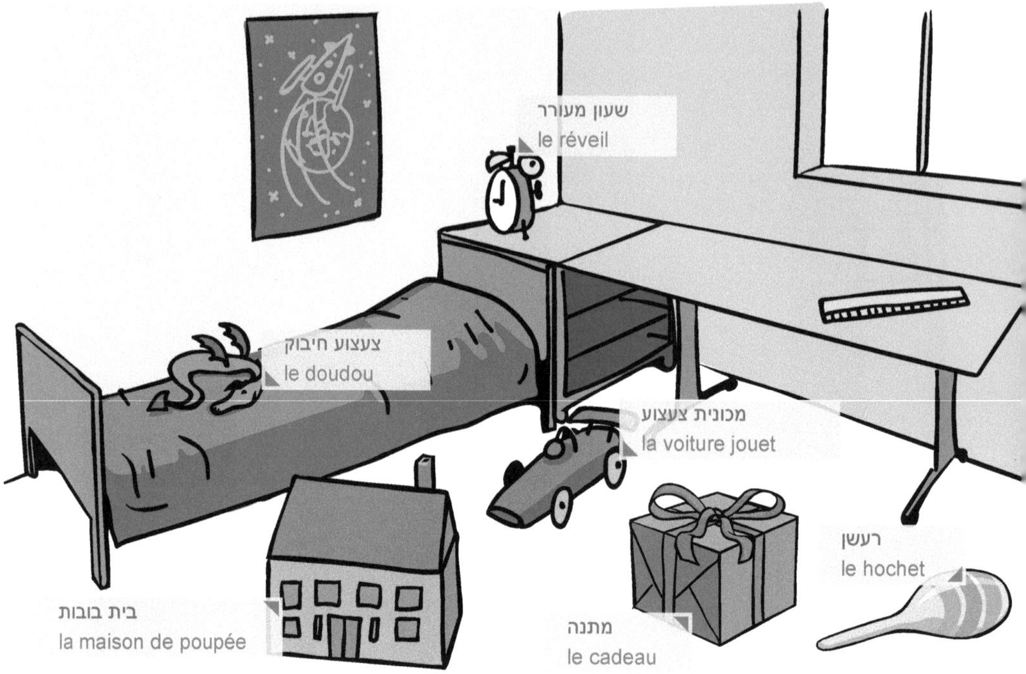

בלון

le ballon

מיטה

le lit

עגלה

la poussette

משחק קלפים

le jeu de cartes

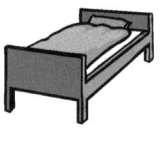

פאזל

le puzzle

קומיקס

la bande dessinée

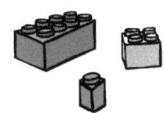

לגו

les pièces lego

קוביות משחק

les blocs de construction

דמות משחק

la figurine

סרבל תינוקות

la grenouillère

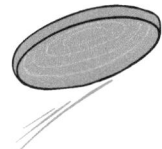

פריזבי

le frisbee

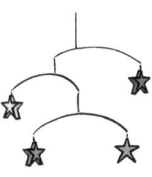

נייד

le mobile

משחק לוח

le jeu de société

קוביה

le dé

רכבת צעצוע

le train miniature

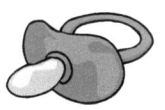

מוצץ

la sucette

מסיבה

la fête

אלבום תמונות

le livre d'images

כדור

la balle

בובה

la poupée

שיחק

jouer

ארגז חול

le bac à sable

נדנדה

la balançoire

צעצועים

les jouets

קונסולת משחקים

la console de jeu

אופניים תלת גלגלי

le tricycle

דובון

l'ours en peluche

ארון בגדים

l'armoire

בגדים

les vêtements

גרביים

les chaussettes

גרביונים

les bas

גרביון

le collant

צעיף
l'écharpe

מטריה
le parapluie

חולצת טי
le t-shirt

חגורה
la ceinture

נעלי ספורט
les baskets

מגפיים
les bottes

נעלי בית
les pantoufles

סנדלים
les sandales

נעליים
les chaussures

מגפי גומי
les bottes de caoutchouc

תחתונים
les sous-vêtements

חזייה
le soutien-gorge

וסט
le maillot de corps

גוף

le body

מכנסיים

le pantalon

ג'ינס

le jean

חצאית

la jupe

חולצה מכופתרת

le chemisier

חולצה

la chemise

אפודה

le pull

סווצ'ר עם קפוצ'ון

le sweat à capuche

בלייזר

la veste

ז'קט

la veste

מעיל

le manteau

מעיל גשם

l'imperméable

תלבושת

le costume

שמלה

la robe

שמלת כלה

la robe de mariée

חליפה

le costume

כותונת לילה

la chemise de nuit

פיג'מה

le pyjama

סארי

le sari

מטפחת ראש

le foulard

טורבן

le turban

בורקה

la burqa

קאפטן

le caftan

עבאיה

l'abaya

בגד ים

le maillot de bain

בגד ים

le maillot de bain

מכנסיים קצרים

le short

בגד אימון

la tenue d'entraînement

סינר

le tablier

כפפות

les gants

כפתור

le bouton

משקפיים

les lunettes

צמיד יד

le bracelet

שרשרת

le collier

טבעת

la bague

עגיל

la boucle d'oreille

כובע

le bonnet

קולב

le cintre

כובע

le chapeau

עניבה

la cravate

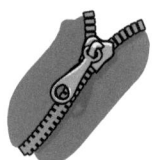

רוכסן

la fermeture éclair

קסדה

le casque

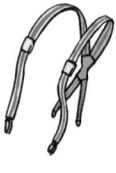

כתפיות

les bretelles

תלבושת בית ספר

l'uniforme scolaire

מדים

l'uniforme

מפית אוכל
le bavoir

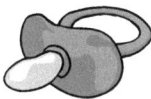

מוצץ
la sucette

חיתול
la lange

משרד

le bureau

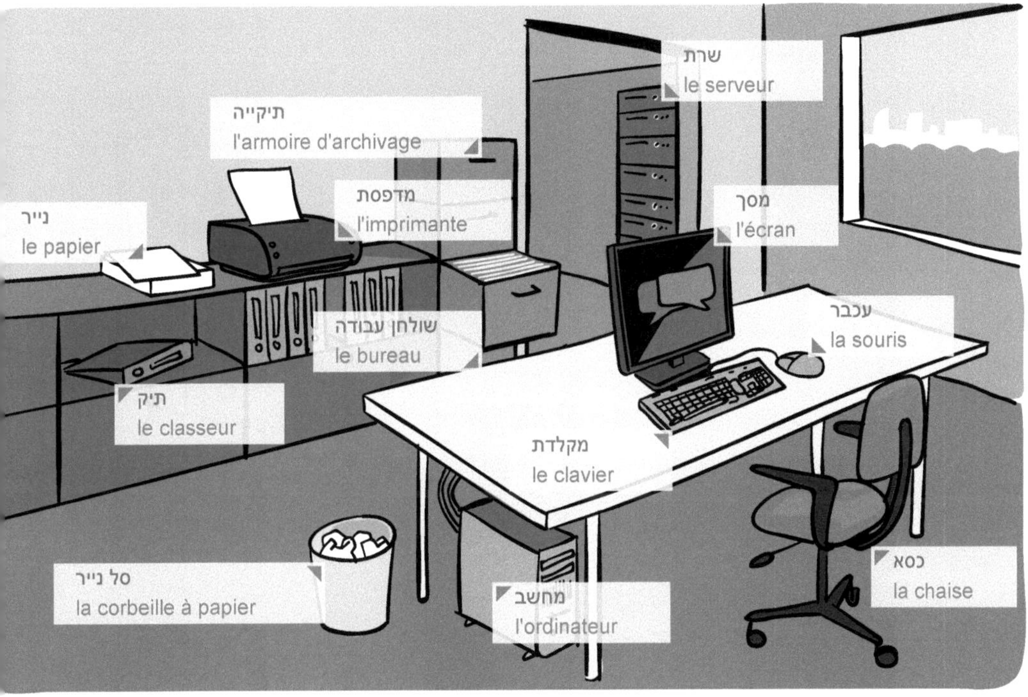

שרת
le serveur

תיקייה
l'armoire d'archivage

מדפסת
l'imprimante

מסך
l'écran

נייר
le papier

שולחן עבודה
le bureau

עכבר
la souris

תיק
le classeur

מקלדת
le clavier

סל נייר
la corbeille à papier

מחשב
l'ordinateur

כסא
la chaise

ספל קפה
la tasse de café

מחשבון
la calculatrice

אינטרנט
l'internet

מחשב נייד

l'ordinateur portable

מכתב

la lettre

הודעה

le message

נייד

le portable

רשת

le réseau

מכונת צילום

la photocopieuse

תוכנה

le logiciel

טלפון

le téléphone

שקע

la prise

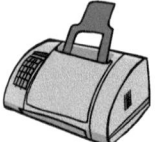

פקס

le fax

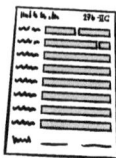

טופס

le formulaire

מסמך

le document

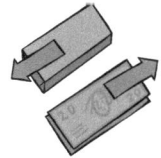

כלכלה
l'économie

קנה
acheter

שילם
payer

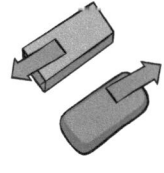

סחר
faire du commerce

כסף
la monnaie

USD

דולר
le dollar

EUR

יורו
l'euro

ין
le yen

RUB

רובל
le rouble

CHF

פרנק שווייצרי
le franc suisse

CNY

יואן רנמינבי
le renminbi yuan

INR

רופי
la roupie

כספומט
le distributeur automatique

המרת מטבע

le bureau de change

זהב

l'or

כסף

l'argent

נפט

le pétrole

אנרגיה

l'énergie

מחיר

le prix

חוזה

le contrat

מס

la taxe

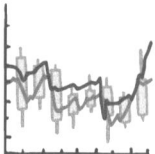

מנייה

l'action

עבד

travailler

עובד

l'employé

מעסיק

l'employeur

מפעל

l'usine

חנות

le magasin

מקצועות

les professions

שוטר
l'agent de police
כבאי
le pompier
טבח
le cuisinier
רופא
le médecin
טייס
le pilote

גנן

....

le jardinier

נגר

....

le menuisier

תופרת

....

la couturière

שופט

....

le juge

כימאי

....

le chimiste

שחקן

....

l'acteur

נהג אוטובוס

le conducteur de bus

נהג מונית

le chauffeur de taxi

דייג

le pêcheur

עובדת נקיון

la femme de ménage

מתקן גגות

le couvreur

מלצר

le serveur

צייד

le chasseur

צייר

le peintre

אופה

le boulanger

חשמלאי

l'électricien

עובד בניין

l'ouvrier

מהנדס

l'ingénieur

קצב

le boucher

אינסטלטור

le plombier

דוור

le facteur

חייל

le soldat

אדריכל

l'architecte

קופאי

le caissier

מוכר פרחים

le fleuriste

ספר

le coiffeur

כרטיסן

le contrôleur

מכונאי

le mécanicien

קברניט

le capitaine

רופא שיניים

le dentiste

מדען

le scientifique

רב

le rabbin

אימאם

l'imam

נזיר

le moine

כומר

le prêtre

כלי עבודה
les outils

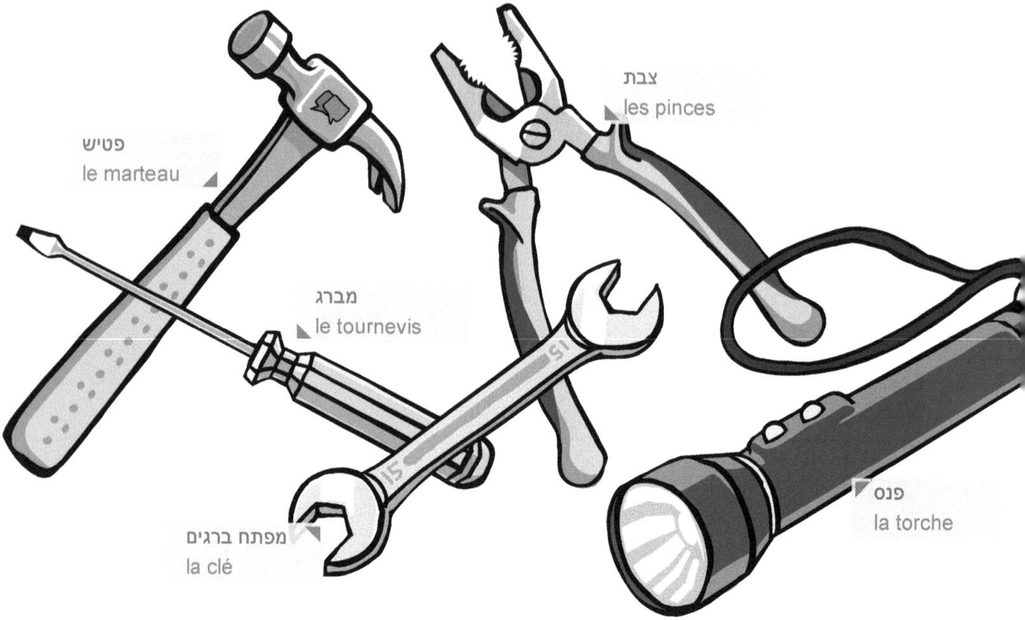
צבת
les pinces
פטיש
le marteau
מברג
le tournevis
פנס
la torche
מפתח ברגים
la clé

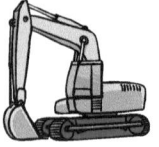

דחפור
la pelleteuse

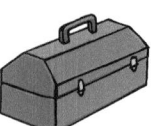

ארגז כלים
la boîte à outils

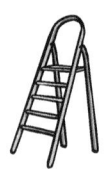

סולם
l'échelle

מסור
la scie

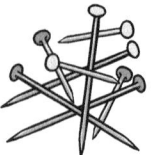

מסמרים
les clous

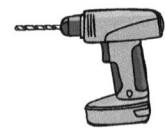

מקדחה
la perceuse

תיקן
....
réparer

את חפירה
....
la pelle

לעזאזל!
....
Mince !

יעה
....
la pelle

פח צבע
....
le pot de peinture

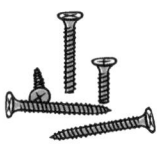

ברגים
....
les vis

כלי נגינה
les instruments de musique

רמקול
le haut-parleurs

מערכת תופים
la batterie

גיטרה
la guitare

קונטראבס
la contrebasse

חצוצרה
la trompette

פסנתר

le piano

כינור

le violon

בס

la basse

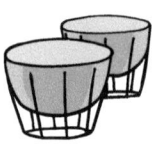

תוף הדוד

les timbales

תופים

le tambour

מקלדת פסנתר

le piano électrique

סקסופון

le saxophone

חליל

la flûte

מיקרופון

le microphone

גן חיות
le zoo

כניסה
l'entrée
le tigre
כלוב
la cage
זברה
le zèbre
מזון לחיות
l'alimentation animale
פנדה
le panda

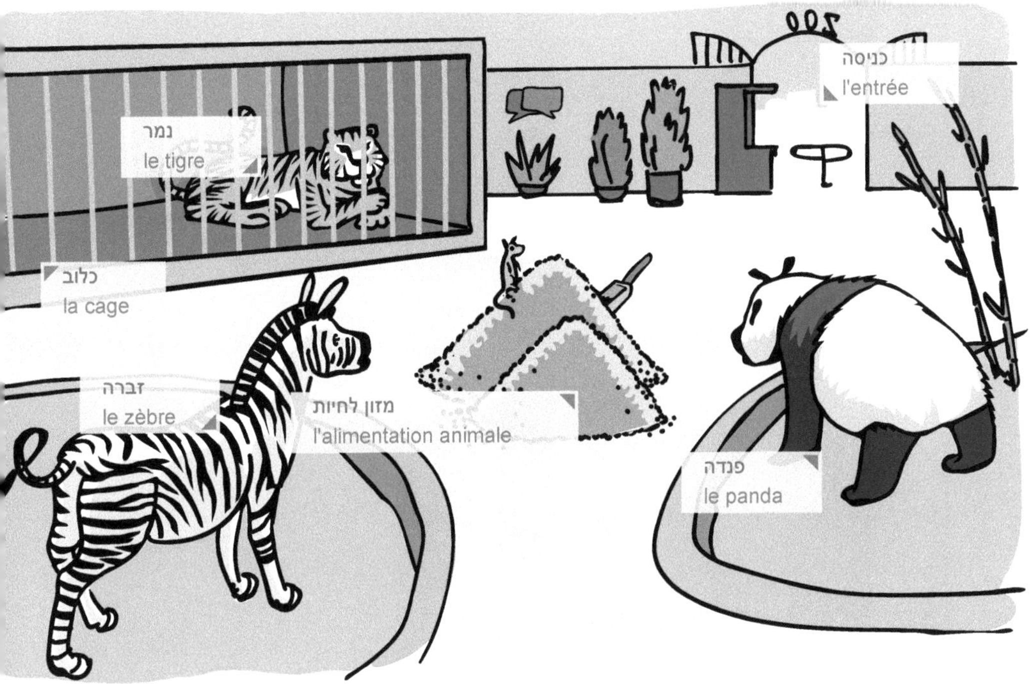

בעלי חיים

les animaux

פיל

l'éléphant

קנגרו

le kangourou

קרנף

le rhinocéros

גורילה

le gorille

דוב

l'ours

גמל

le chameau

יען

l'autruche

אריה

le lion

קוף

le singe

פלמינגו

le flamand rose

תוכי

le perroquet

דוב הקרח

l'ours polaire

פינגווין

le pingouin

כריש

le requin

טווס

le paon

נחש

le serpent

תנין

le crocodile

שומר גן החיות

le gardien de zoo

כלב ים

le phoque

יגואר

le jaguar

סוס פוני

le poney

לאופרד

le léopard

היפופוטאם

l'hippopotame

ג'ירפה

la girafe

נשר

l'aigle

חזיר בר

le sanglier

דג

le poisson

צב

la tortue

סוס ים

le morse

שועל

le renard

אײלה

la gazelle

ספורט
les sports

פוטבול אמריקאי
l'american Football
רכיבת אופניים
le cyclisme
טניס
le tennis
כדורסל
le basket-ball
שחיה
la natation
הוקי
le hockey sur glace
אגרוף
la boxe

כדורגל
le football

בדמינטון
le badminton

אתלטיקה
l'athlétisme

כדור-יד
le handball

עשה סקי
le ski

פולו
le polo

פעילויות
les activités

קפץ
sauter
חיבק
embrasser
צחק
rire
הלך
marcher
שר
chanter
חלם
rêver
התפלל
prier
נשק
faire la bise

כתב

écrire

צייר

dessiner

הראה

montrer

דחף

pousser

נתן

donner

לקח

prendre

יש / להיות הבעלים

avoir

עשה

faire

היה

être

עמד

être debout

רץ

courir

משך

trier

זרק

jeter

נפל

tomber

שכב

être couché

חיכה

attendre

סחב

porter

ישב

être assis

התלבש

s'habiller

ישן

dormir

התעורר

se réveiller

הסתכל ב-

regarder

בכה

pleurer

ליטף

caresser

סירק

peigner

דיבר

parler

הבין

comprendre

שאל

demander

שמע

écouter

שתה

boire

אכל

manger

סידר

ranger

אהב

aimer

בישל

cuire

נהג

conduire

עף

voler

שט

faire de la voile

חישב

calculer

קרא

lire

למד

apprendre

עבד

travailler

התחתן

se marier

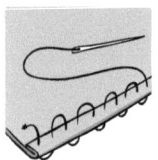

תפר

coudre

ציחצח שיניים

brosser les dents

הרג

tuer

עישן

fumer

שלח

envoyer

משפחה

la famille

סבת
a grand-mère
סבא
le grand-père
אבא
le père
אימא
la mère
תינוק
le bébé
בת
la fille
בן
le fils

אורח

l'hôte

דודה

la tante

דוד

l'oncle

אח

le frère

אחות

la sœur

גוף
le corps

le front
עין
l'œil
כתף
l'épaule
אצבע
le doigt
פנים
le visage
סנטר
le menton
כף יד
la main
רגל
la jambe
חזה
la poitrine
זרוע
le bras

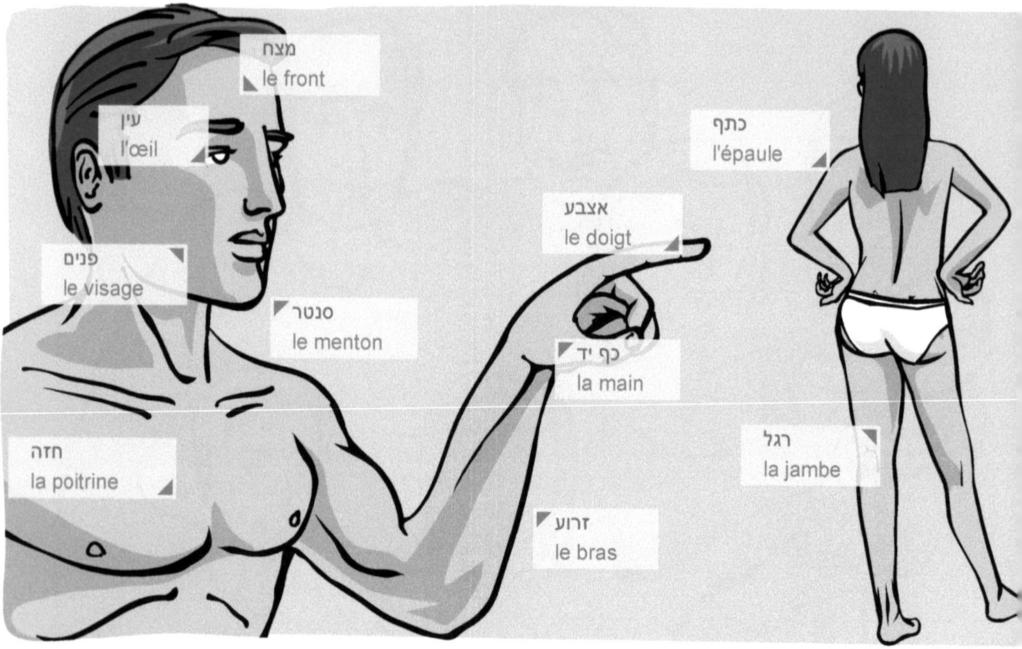

תינוק
le bébé

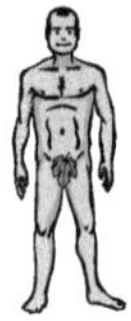

איש
l'homme

אישה
la femme

ילדה
la fille

ילד
le garçon

ראש
la tête

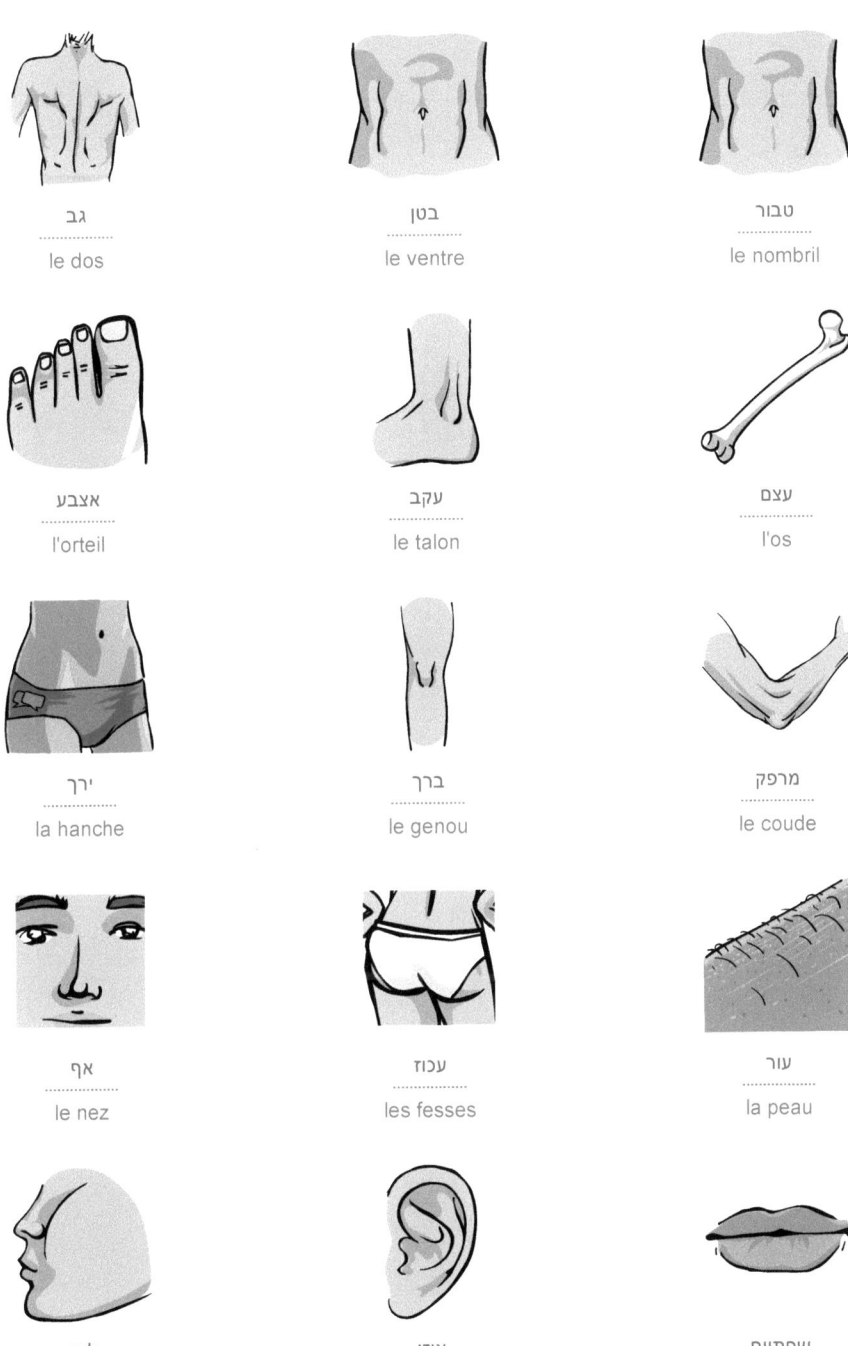

גב
le dos

בטן
le ventre

טבור
le nombril

אצבע
l'orteil

עקב
le talon

עצם
l'os

ירך
la hanche

ברך
le genou

מרפק
le coude

אף
le nez

עכוז
les fesses

עור
la peau

לחי
la joue

אוזן
l'oreille

שפתיים
la lèvre

פה

la bouche

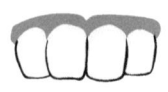

שן

la dent

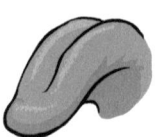

לשון

la langue

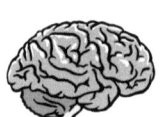

מוח

le cerveau

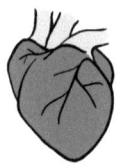

לב

le cœur

שריר

le muscle

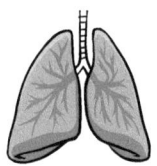

ריאה

les poumons

כבד

le foie

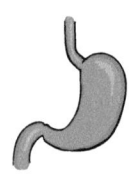

קיבה

l'estomac

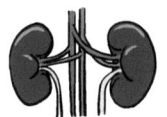

כליות

les reins

מין

le rapport sexuel

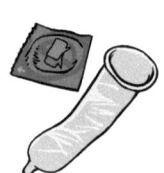

קונדום

le préservatif

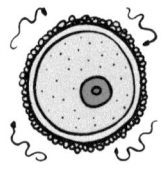

ביצית

l'ovule

זרע

le sperme

הריון

la grossesse

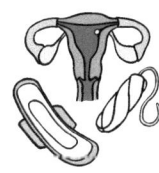

וסת
la menstruation

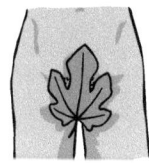

נרתיק
le vagin

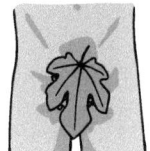

פין
le pénis

גבה
le sourcil

שיער
les cheveux

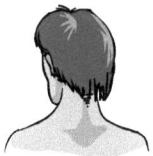

צוואר
le cou

בית חולים
l'hôpital

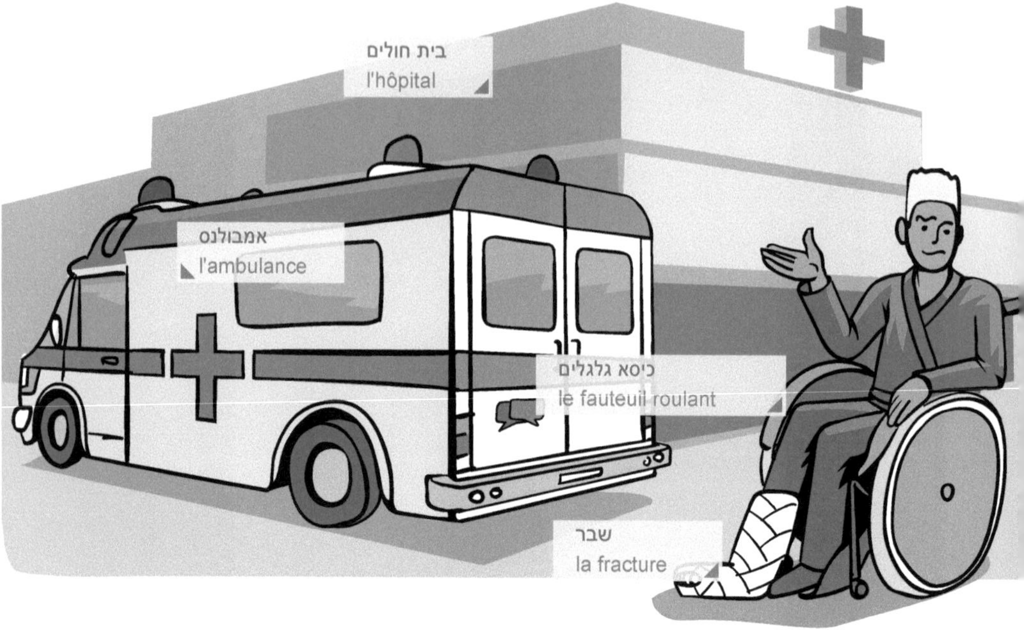

בית חולים
l'hôpital
אמבולנס
l'ambulance
כיסא גלגלים
le fauteuil roulant
שבר
la fracture

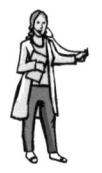

רופא
le médecin

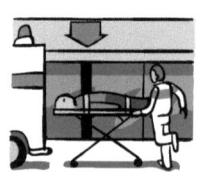

חדר מיון
le service des urgences

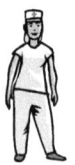

אחות
l'infirmière

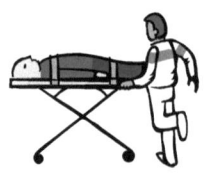

חירום
l'urgence

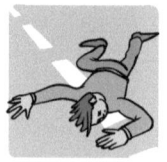

חסר הכרה
inconscient

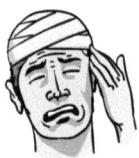

כאב
la douleur

פציעה
la blessure

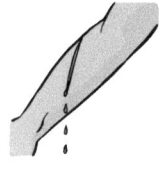

דימום
l'hémorragie

התקף לב
la crise cardiaque

שבץ
l'attaque cérébrale

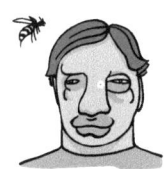

אלרגיה
l'allergie

שיעול
la toux

חום
la fièvre

שפעת
la grippe

שלשול
la diarrhée

כאב ראש
le mal de tête

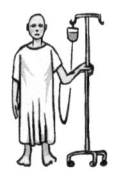

סרטן
le cancer

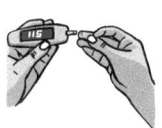

סוכרת
le diabète

מנתח
le chirurgien

אזמל
le scalpel

ניתוח
l'opération

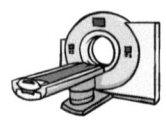

סי-טי-

le CT

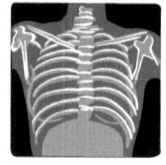

רנטגן

la radiographie

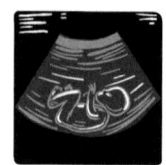

אולטרסאונד

l'échographie

מסיכת פנים

le masque

מחלה

la maladie

חדר המתנה

la salle d'attente

קבה

la béquille

פלסטר

le pansement

תחבושת

le pansement

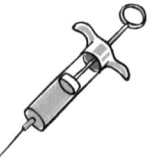

זריקה

l'injection

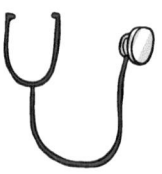

סטטוסקופ

le stéthoscope

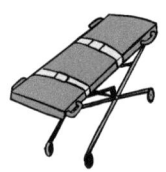

אלונקה

le brancard

מד חום

le thermomètre

לידה

l'accouchement

עודף משקל

la surcharge pondérale

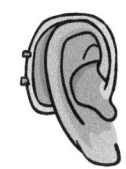

מכשיר שמיעה

l'appareil auditif

מחטא

le désinfectant

זיהום

l'infection

נגיף

le virus

איידס

le VIH / le sida

תרופה

le médicament

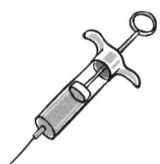

חיסון

la vaccination

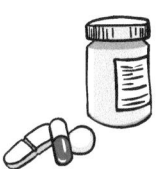

טבליות

les comprimés

גלולה

la pilule

קריאת חירום

l'appel d'urgence

מד לחץ דם

le tensiomètre

חולה / בריא

malade / sain

חירום
l'urgence

הצילו!

Au secours !

אזעקה

l'alarme

פשיטה

l'assaut

תקיפה

l'attaque

סכנה

le danger

יציאת חירום

la sortie de secours

אש!

Au feu!

מטף כיבוי

l'extincteur

תאונה

l'accident

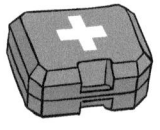

ערכת עזרה ראשונה

la trousse de premier secours

הצילו!

SOS

משטרה

la police

כדור הארץ
la terre

אירופה

l'Europe

צפון אמריקה

l'Amérique du Nord

דרום אמריקה

l'Amérique du Sud

אפריקה

l'Afrique

אסיה

l'Asie

אוסטרליה

l'Australie

האוקיינוס האטלנטי

l'Océan atlantique

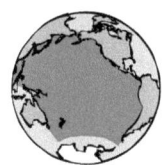

האוקיינוס השקט

l'Océan pacifique

האוקיינוס ההודי

l'Océan indien

האוקיינוס האנטרקטי

l'Océan antarctique

האוקיינוס הארקטי

l'Océan arctique

הקוטב הצפוני

le Pôle nord

הקוטב הדרומי

le Pôle sud

אנטארקטיקה

l'Antarctique

כדור הארץ

la terre

אדמה

le pays

ים

la mer

אי

l'île

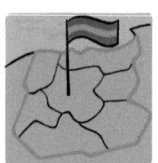

לאום

la nation

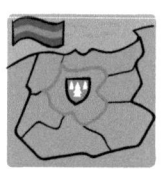

מדינה

l'état

שעון
...heure(s)

פני השעון

le cadran

מחוג השעות

l'aiguille des heures

מחוג הדקות

l'aiguille des minutes

מחוג השניות

l'aiguille des secondes

מה השעה?

Quelle heure est-il ?

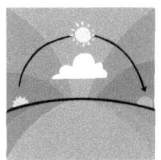

יום

le jour

זמן

le temps

עכשיו

maintenant

שעון דיגיטלי

la montre digitale

דקה

la minute

שעה

l'heure

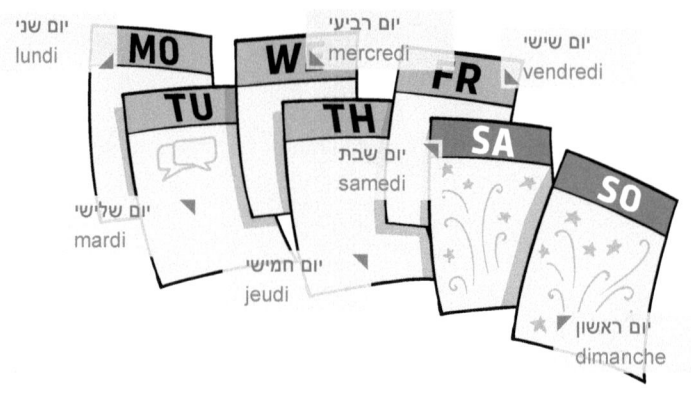

שבוע
la semaine

SA
יום שני
lundi
יום שלישי
mardi
יום רביעי
mercredi
יום חמישי
jeudi
יום שישי
vendredi
יום שבת
samedi
יום ראשון
dimanche

אתמול
hier

היום
aujourd'hui

מחר
demain

בוקר
le matin

צהריים
le midi

ערב
le soir

ימי עבודה
les jours ouvrables

סוף שבוע
le week-end

שנה
l'année

גשם
la pluie
קשת בענן
l'arc-en-ciel
רוח
le vent
שלג
la neige
אביב
le printemps
קיץ
l'été
סתיו
l'automne
חורף
l'hiver

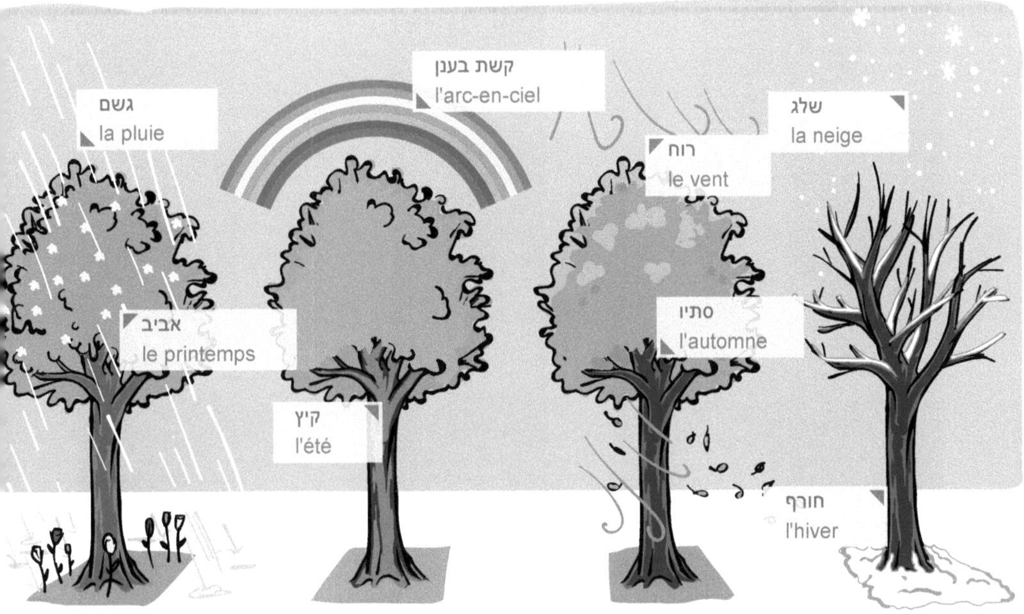

תחזית מזג האוויר
....
la météo

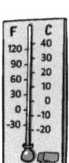

מד חום
....
le thermomètre

אור שמש
....
la lumière du soleil

ענן
....
le nuage

ערפל
....
le brouillard

לחות
....
l'humidité

ברק

la foudre

רעם

la tonnerre

סערה

la tempête

ברד

la grêle

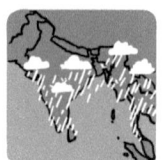

רוח עונתי

la mousson

שיטפון

l'inondation

קרח

la glace

ינואר

janvier

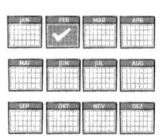

פברואר

février

מרץ

mars

אפריל

avril

מאי

mai

יוני

juin

יולי

juillet

אוגוסט

août

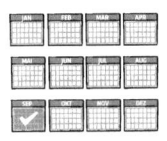

ספטמבר

septembre

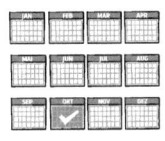

אוקטובר

octobre

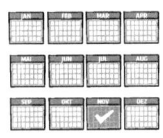

נובמבר

novembre

דצמבר

décembre

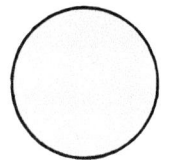

צורות
les formes

עיגול

le cercle

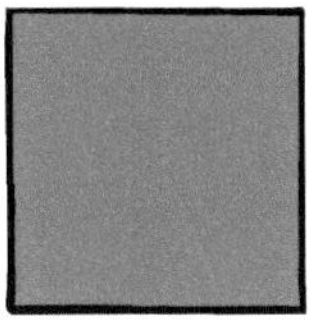

מרובע

le carré

מלבן

le rectangle

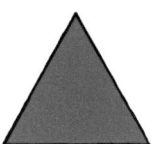

משולש

le triangle

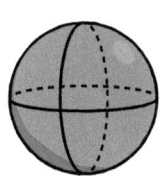

כדור

la sphère

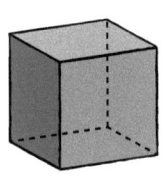

קובייה

le cube

צבעים
les couleurs

לבן

blanc

צהוב

jaune

כתום

orange

ורוד

rose

אדום

rouge

סגול

violet

כחול

bleu

ירוק

vert

חום

marron

אפור

gris

שחור

noir

הפכים
les oppositions

הרבה / מעט

beaucoup / peu

כועס / רגוע

fâché / calme

יפה / מכוער

joli / laid

התחלה / סוף

le début / la fin

גדול / קטן

grand / petit

בהיר / כהה

clair / obscure

אח / אחות

frère / soeur

נקי / מלוכלך

propre / sale

שלם / חלקי

complet / incomplet

יום /לילה

le jour / la nuit

מת / חי

mort / vivant

רחב / צר

large / étroit

אכיל / לא אכיל

comestible / incomestible

רשע / טוב לב

méchant / gentil

מתרגש / משועמם

excité / ennuyé

שמן / רזה

gros / mince

ראשון / אחרון

le premier / le dernier

חבר / אויב

l'ami / l'ennemi

מלא / ריק

plein / vide

קשה / רך

dur / souple

כבד / קל

lourd / léger

רעב / צמא

faim / soif

חולה / בריא

malade / sain

בלתי-חוקי / חוקי

illégal / légal

נבון / טיפש

intelligent / stupide

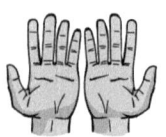

שמאל / ימין

gauche / droite

קרוב / רחוק

proche / loin

חדש / משומש

nouveau / usé

כלום / משהו

rien / quelque chose

זקן / צעיר

vieux / jeune

פעיל / כבוי

marche / arrêt

פתוח / סגור

ouvert / fermé

שקט / רועש

faible / fort

עשיר / עני

riche / pauvre

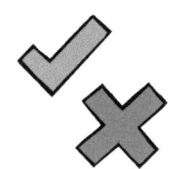

נכון / שגוי

correct / incorrect

מחוספס / חלק

rugueux / lisse

עצוב / שמח

triste / heureux

קצר / ארוך

court / long

איטי / מהיר

lent / rapide

רטוב / יבש

mouillé / sec

חם / קר

chaud / froid

מלחמה / שלום

la guerre / la paix

מספרים
les nombres

0	1	2
אפס	אחת	שתיים
zéro	un / une	deux
3	4	5
שלוש	ארבע	חמש
trois	quatre	cinq
6	7	8
שש	שבע	שמונה
six	sept	huit
9	10	11
תשע	עשר	אחת-עשרה
neuf	dix	onze

12
שתים-עשרה
douze

13
שלוש-עשרה
treize

14
ארבע-עשרה
quatorze

15
חמש-עשרה
quinze

16
שש-עשרה
seize

17
שבע-עשרה
dix-sept

18
שמונה-עשרה
dix-huit

19
תשע-עשרה
dix-neuf

20
עשרים
vingt

100
מאה
cent

1.000
אלף
mille

1.000.000
מיליון
le million

les langues

אנגלית

l'anglais

אנגלית אמריקאית

l'anglais américain

סינית מנדרינית

le chinois mandarin

הודית

le hindi

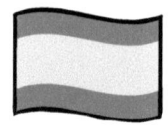

ספרדית

l'espagnol

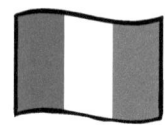

צרפתית

le français

ערבית

l'arabe

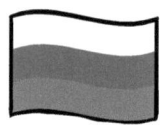

רוסית

le russe

פורטוגזית

le portugais

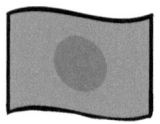

בנגלית

le bengali

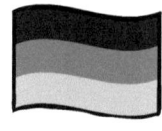

גרמנית

l'allemand

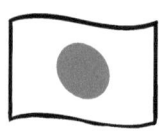

יפנית

le japonais

מי / מה / איך
qui / quoi / comment

אני

je

אתה / את

tu

הוא / היא / זה

il / elle / ce, c', cela

אנחנו

nous

אתם

vous

הם

ils / elles

מי?

Qui ?

מה?

Quoi ?

איך?

Comment ?

איפה?

Où ?

מתי?

Quand ?

שם

le nom

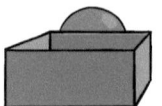

איפה
où

לפני

devant

בתוך

dans

מאחור

derrière

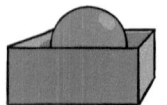

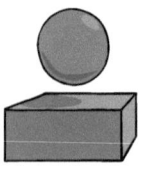

מתחת

en-dessous

על

sur

מעל

au-dessus

מקום

le lieu

בין

entre

ליד

à côté de

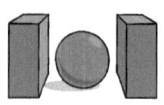